# 여정

# 여정

성례 제1시집

## ‖ 작가의 말 ‖

# 첫 시집을 내면서...

    삶의 희망 끈을 놓고 하루하루를 보내면서 우연히 TV를 보다 '시(詩)'라는 삶속에 즐거움과 희망으로 살아가는 한 환경미화원의 사연을 접하게 되었다. 음식물을 수거하는 힘든 일을 하면서도 입가에 웃음꽃을 피우고 사시는 그분이 내가 살아가야 할 희망의 거울처럼 보였다.

  '아 나도 살아야겠다'
  '나는 왜 쓰러지려 하지'
  '남편 없다고 세상이 무너지는 것은 아니다'

    자식이 있고 손자도 있는데, 하여 용기를 내어 그분께 연을 맺어 글을 배우고 제자가 되어 등단도 하고 시인으로 첫발을 내딛었다. 첫 발걸음을 내딛는 것이 쉬운 일은 아니었다. 스승님 가르침대로 글을 쓰지 못한 점도 있지만 무엇보다 부끄러움이 눈앞을 가리기 때문이다. 하지만 큰 용기와 힘을 내어 첫 시집 <여정>을 산고 끝에 출산을 한다.

  "아픔보다 부끄러움이 앞장서지만 격려와 질책으로 용기 주시기 바랍니다. 고맙습니다. 감사합니다. 사랑합니다."

                    2024년 청포도 익어가는 7월에...

# 차례

• **작가의 말** ································ 4

## 제1부 서신

모란꽃처럼 ················· 13
아이들은 ·················· 14
당신이 떠난 후 ············· 15
여정 ····················· 16
당신의 향기가 사라지네요 ···· 17
가을비 ··················· 18
똬리 튼 소나무 ············· 19
그리움이 쌓인다 ············ 20
세월아 가지 마라 ··········· 21
민들레꽃 1 ················ 22
3월의 봄이 그립다 ·········· 23
인생이란 ·················· 24
가을 하늘 ················· 25
3월에 바란다 ·············· 26
추억 속의 당신 ············· 27
통장 ····················· 28
별교에는 ·················· 29
스승님 ··················· 30

## 제2부 잊힌 기억들의 상념

잊을 수 없는 사람 ·················· 33
돌담 ································ 34
해운대 바다가 그리운 날 ··········· 35
코스모스 ···························· 36
나에게 시란 ························ 37
날이 갈수록 ························ 38
텃밭 ································ 39
늘 푸른 소나무 ···················· 40
계란 김밥 ·························· 41
우주의 별이 배추밭에 ·············· 42
세월 ································ 43
그대 향기 ·························· 44
가을 러브레터 ····················· 45
냉장고 속 ·························· 46
비 ·································· 47
가을이에게 ························ 48
고향 집 ···························· 49
신세계 ····························· 50
장대비 ····························· 51
세상사 다 그런 거더라 ············ 52
한 송이 꽃 피우려면 ·············· 53
모성애 ····························· 54

| | |
|---|---|
| 붉은 꽃망울 터뜨리네 | 55 |
| 온천천 풍경 | 56 |
| 봄비 | 57 |
| 보라색 칡꽃 | 58 |
| 이슬이 꽃으로 피다 | 59 |
| 무화과 | 60 |
| 욕심 | 61 |
| 게발선인장꽃 | 62 |
| 동창이 밝으니 봄인가 하노라 | 63 |
| 늦가을 서정 | 64 |
| 작은 딸 | 65 |
| 3월의 기도 | 66 |
| 목련화 | 67 |
| 마지막 단풍잎 | 68 |
| 별이 되다 | 69 |
| 호박 | 70 |
| 인생이란 무엇일까 | 71 |
| 삼성궁 | 72 |
| 당신뿐이었는데 | 73 |
| 벌거벗은 나무 | 74 |
| 홍시처럼 달달하게 | 75 |
| 그것은 사랑입니다 | 76 |
| 오아시스 | 77 |
| 말이란 | 78 |

가을을 품다 ············· 79
가을이 익는 이유 ············· 80
보름달 ············· 81
홍시 ············· 82
가을의 눈물 ············· 83
구절초 꽃 ············· 84
안진 초등학교 ············· 85
호박 넝쿨 ············· 86

## 제3부 추억의 세레나데

애기동백꽃 피어나다 ············· 89
빗속에 내 마음 ············· 90
엄마가 되어도 엄마가 보고 싶다 ············· 91
사는 게 힘들다면 ············· 92
나이는 멈추지 않는다 ············· 93
사랑하는 금쪽이 ············· 94
인 꽃 ············· 95
봄이 오면 ············· 96
꽃처럼 활짝 피어나 ············· 97
홍매화 ············· 98
꽃잎 ············· 99
진달래꽃 ············· 100

꽃샘추위 ·················································· 101
봄바람 나다 ············································ 102
아득히 먼 곳에 ······································ 103
활짝 핀 꽃들도 웃는다 ························ 104
목련이 필 때면 ······································ 105
쑥국 ························································ 106
씨앗 ························································ 107
보고픈 당신 ············································ 108

## 제4부 푸른 청춘, 그 때

늙으면 서럽다 ········································ 111
백 매화 ·················································· 112
민들레 ···················································· 113
민들레꽃 2 ············································· 114
봄이 떠나다 ············································ 115
꽃처럼 아름답다 ···································· 116
그 공원에는 ············································ 117
청포도 ···················································· 118
거울 속에 ··············································· 119
가을밤에 홀로 ······································· 120
낙화 ························································ 121
푸른 청춘이 그리운 날 ························ 122

낙엽 … 123
은백색 백발 되셨네 … 124
언 가슴 계절 동백꽃 … 125
호박죽 … 126
멋지십니다 … 127
상사화 … 128
매미 … 129
장마 … 130
인생 … 131
향기 나는 삶 … 132
노년 … 133
소망 … 134
부부란 … 135
빈자리 … 136
비나이다 … 137
풍성한 가을을 품은 베스트 하우스 … 138

· 맺음의 글 … 139
· 발행인의 말 … 140
· 축하메시지 … 143

# 제1부
## 서신

## 모란꽃처럼

모란꽃처럼 향기 있고 모란꽃처럼 아름다운 우리 어머니 돌아가실 때까지 일만 하시다가 먼 길 떠나셨다 손가락 마디마다 옹이가 생기셨고 허리 한번 펴보지도 못하고 일만 하신 어머니는 허리는 고사목처럼 휘어서 꼿꼿이 하늘 한번 쳐다보지도 못하셨다 삼베옷은 여기저기 지워지지 않는 얼룩에 바느질 꿰맨 자국이 꽃으로 수를 놓으셨네 화장기 없는 초라한 모습이지만 참 고우시다 힘들게 농사지어서 제철 좋은 재료로 밑반찬 이것저것 맛있게 만들어서 6남매에게 골고루 나눠주시고 없는 살림에 딸자식만 많이 낳으셔서 맘 편히 미역국 한 그릇 제대로 드시지도 못하고 고생만 하신 우리 어머니 좋은 곳 맛있는 거 사드리고 호강시켜드리고 싶었는데 뭐가 그리 급하셨는지 지금 내 나이가 되기 전에 떠나셨다 모란꽃을 좋아하신 우리 어머니 산소 주위에 모란꽃을 심어 놓았나 꽃과 나비들이 춤을 추고 어머니 심심하지 않게 이야기도 나누고 행복해 하시면 좋겠다 심성이 착하신 어머니는 자식들한테 다 주시고 잘못을 해도 매 한 번 안 드셨다 속으로만 삭히고 골병이 들어 마음에 병이 나서 일찍 떠나셨다 어머니, 어머니 학교 갔다 와서 밥 없다고 짜증내고 내가 막둥이 딸이라 엄마가 늙으셔서 학교에 못 오시게 한 것, 우리 집은 왜 가난해서 좋은 옷도 안 사주고 언니들 입던 옷만 입으라고 하나 하고 짜증내서 죄송합니다 철이 없어서 다음 생에도 꼭 내 어머니가 되어주세요 어머니가 주신 사랑보다 더 잘해드릴게요 어머니

2022년 5월 24일

## 아이들은

아이들은 그냥 바라만 봐도
사랑스럽고 예쁘고 좋다
아이들을 바라보면 세상이 밝아오고
하늘에서 꽃비가 내린다
항상 웃고 좋은 일만 가득하고
걱정 없는 행복한 날들만 되길 바란다
아이들에게는 아무리 잘못을 해도
꽃으로도 때리면 안 된다
이 세상 아이들은 웃으면서
행복해야 할 권리가 있다
사고 없는 세상에서 살아야 한다
술 마시고 운전해서 어린이에게
상처를 주면 안 된다

2022년 8월 15일

# 당신이 떠난 후

울고 싶다
우울하다
그냥 눈물이 난다
깊은 곳으로 들어가 숨어버리고 싶다
먹고 싶은 것도 없다
그 누구도 만나기도 싫다
사는 재미가 없다
불현듯 찾아오는 무서움
그리움과 외로움
보고픈 마음
내 곁에 머물러
사랑과 행복을 주던
당신이 너무 보고 싶다

2022년 12월 20일

# 여정

살아가면서 꿈이 있는 한 실패는 없다

사랑과 행복은 아픔과 슬픔

참고 견디면

언젠가는 열매의 달콤함을 느끼겠지

사랑과 행복은 기나 긴 여정에 있다

봄여름 가을,
겨울이 지나야 사랑과 행복이 찾아온다

2022년 12월 30일

# 당신의 향기가 사라지네요

당신의 찐 사랑으로
홍매화처럼 환하게 살았습니다
당신이 한마디 말없이 내 곁을 떠났을 때
살아가는 길을 잃었습니다
한세상 행복하게 살다
갈 때도 두 손 꼭 잡고
긴 여행 함께 가자 언약하고서는
어찌 혼자 가셨는지요
이 험한 세상 나는 어찌 살아야하나요
눈물이 앞을 가려 보이지 않습니다
당신이 내게 주신 사랑이 너무 커
오늘 밤도 당신 베개 꼭 껴안고
까만 날밤을 지새웁니다
어찌 하나요 당신의 향기가
날이 갈수록 저 멀리 사라지네요
보고 싶어요 안고 싶어요
따뜻한 당신의 목소리 듣고 싶어요
내 얼굴 내 목소리 잊지 말고
다음 생에 다시 만나 백년해로 하며
못다 이룬 사랑 오래오래 함께해요
그곳에서도 날 잊지 마세요
내가 당신 곁으로 갈 때 꼭 마중 나오세요

2022년 3월 12일

## 가을비

창밖에는 가을을 재촉하는
비가 내린다

여름을 불태웠던 열기로
촉촉이 적시며
소리 없이 비가 내린다

빗소리에 함께 묻어 내리는
추억 속의 아픔
슬며시 떠오르는 그리움

촉촉한 가을비 속에
몸도 마음도 풍당 빠지고 싶다

2022년 1월 15일

# 똬리 튼 소나무

뱀처럼 똬리를 틀어버린 소나무
누구의 잘못도 아닌
모진 풍파를 겪어낸 아픔의 세월이다

휘어진 몸은 펴지지 않고
상처는 아물어 옹이가 되어
힘든 시련을 이겨낸 증표이며
세월을 당당하게 이겨낸 훈장

사람에게는 멋진 모습으로 둔갑
먼 훗날 고사목 되어
위풍당당 그 자리에서
이 산을 지키는 버팀목이 되겠지

2022년 4월 22일

## 그리움이 쌓인다

사랑해 보지 않은 사람은 모릅니다

보고 싶어도 볼 수는 없는 애절함
날마다 그려보는 당신의 얼굴
울다 웃다 지쳐 잠이 들어 버리고
산만큼 바다만큼 쌓인 그리움
가슴속은 애가 타 숯덩이가 되었습니다

2022년 3월 25일

## 세월아 가지 마라

꽁꽁 붙잡아도 시간은 흘러가고
바람이 잔잔해도 낙엽은 떨어진다
차디찬 겨울바람 앞에
언 땅을 구르는 가랑잎
서산에 걸린 붉은 해
어깨 위로 무겁게 내려앉고
외로운 세상의 신음 소리
허무한 그림자를 이끌고
세월에게 길을 묻는다

2022년 12월 25일

# 민들레꽃 1

담벼락 틈에서 피어난
노란빛으로 곱게 물든
한 가녀린 꽃
옹골차게 움켜진
뿌리의 힘으로 숨을 쉰다
아무도 관심과 사랑도 없이
너는 그렇게 제 힘으로
인고의 아픔 이겨내고
싹을 틔워내고
예쁜 노란 꽃을 피워내었구나
참 이쁘고 대단하구나
나는 너에게 삶의 소중함을
한 수 배웠다

2022년 5월 20일

# 3월의 봄이 그립다

봄을 시샘하는 바람이
꽃눈 잎눈을 툭 툭
건드리면 윙윙거리고
마른 덤불 위에 녹지 않은 눈이
메주에 핀 곰팡이처럼
드문드문 하얗게 남아있는
이른 봄 집집마다 굴뚝에서
하얀 연기가 머리 풀 듯
하늘로 올라가고
솔잎 타는 냄새와 밥 짓는 내음이
노을빛과 어우러져
마당 가득 내려앉고 있다
친구들이랑 추운 줄도 모르고
흙먼지 뒤집어쓰고
고무줄놀이에 밥 때도 놓치고
까르륵거리며 놀던 어린 시절
어머니의 밥 먹으라는 목소리
구수한 된장 냄새 어우러져 뱃속에서 난리다
배고프다고 요동을 친다 혼미해진다

그때가 그립고 그립다

2022년 3월 5일

# 인생이란

이 세상 영원한 것은 없더라
인생이란 잠시 쉬어 갈 뿐
멋지고 아름다운 삶을
살아간다는 것이
큰 기쁨이고 행복함이다
어두운 터널 속을 지나고 나면
밝은 빛이 기다리고 있듯이
좋은 일이 가득하고
그동안에 보상이라도 하듯
하늘도 밝게 미소 짓고
파도도 자기 몸이 피멍이 들도록
때리면서도 즐거워
노래 부르듯이 어두움이 걷히면
또 다른 세상이 다가와 살만하다
인생이란 다 그런 거라
눈 한 번 질끈 감고 나면
한세상 훅 지나가더라
언젠가는 미련 없이
제 2의 집으로
터벅터벅 걸어 들어가리라

2022년 5월 25일

# 가을 하늘

가을은 맑고 풍성하다
이러다 넘치면 어쩌지
무너지면
막을 길 없는데
하늘은 파스텔 색으로
청명한 하늘을 보여 준다
살랑살랑
부는 바람에서도
가을 냄새가 옷깃에 진하게 배었다
뭉게구름
몽실 몽실 무념무상
구름노 따라가다 그 자리에
털썩 누워버린다

2022년 10월 2일

## 3월에 바란다

훈풍이 몰려오는 3월
얼어붙은 내 마음도
소리 없이 녹았으면 좋겠다

새싹도 소리 없이 돋아나듯
내 마음도 저절로 풀어져서
이웃에 희망을 주는 사람이고 싶다

세상은 혼자 살 수 없고
독불장군이 없듯이
너와 나 손에 손 잡고
절망에서 희망으로
햇살처럼 어두운 곳도 비쳐주는
세상에 작은 등불이 되어
여기저기 힘과 용기
희망의 씨앗을 전달해 주는
작은 천사가 되고 싶다

2022년 3월 1일

## 추억 속의 당신

이 세상 태어나서 당신만을 사랑했습니다

당신이 말도 없이 내 곁을 떠난 후
이별이 너무 무섭고 두려운데 어찌 견뎌야 하는지요

당신이랑 함께했던 추억은 어찌해야 하는지요
가슴에 묻고 살아야 한다는 것이 가슴 시리게 아프네요

피폐해진 여인의 삶
다시는 내 곁으로 돌아올 수 없다는 것이
믿을 수가 없습니다

마지막 당신의 모습이 눈에 밟혀
밤마다 잠을 이룰 수가 없습니다
내 생의 슬픔이 자욱한 안개처럼 흘러가네요

잡을 수 없는 세월에 당신을 눈물로
그리면 다시 만날 그날을 기다립니다

2022년 4월 14일

# 통장

딩동 소리에 폰을 열어보니
연금이 들어왔다
매월 25일이 연금 들어오는 날이다

이날만 기다리다
잠시 후 딩동 딩동 소리가 계속 난다
약정된 곳으로 돈 빠져나가는 소리다
허무하다 통장에서 잠시 머물다
바로 스치고 지나간 돈 아쉽고 꽉 붙잡고 싶다
가지 마 제발 내 곁에 있어줘

어쩜 눈길 한 번 안 주고 냉정하게
뒤도 안 보고 고속질주로
떠나 버리니 오래도록 너의 곁을
지켜 주고 싶어

네가 떠나버린 후 잔액이 0원
한 달을 또 힘겹게 기다리면서
살아가야 하는 슬픈 인생

2022년 8월 28일

## 별교에는

그리운 별교에는 사랑하는 남편의 집이 있다

앞마당에는 남편이 좋아하는 작약꽃이 피어 있고
남편 집 주위에는 공기도 좋고 경치도 좋고
앞산을 바라보니 확 트여서 가슴이 시원하다

남편 집 주위에는 연세가 많으신 할아버지 할머니 두 분이
다정하게 오손도손 의지하면서 살고 계신다

그리고 사랑하는 어머님 아버님
큰아버지 큰어머니
형님 동생이 주위에 살고 계신다

집이 따뜻하니 집안으로 개미들이
엄청 많이 줄을 서서 들락거린다
과묵한 우리 남편 간지러워 미소를 짓네

남편 위해 술 한 잔 가득 따라 올리니
술 향기에 벌과 나비들이 춤을 추고
술잔을 바라보는 내 남편
인자한 얼굴에는 행복한 미소가 머문다

2022년 8월 25일

## 스승님

천방지축 나를
문단에 발을 담글 수 있게
이끌어주신 우리 시인님

내가 써놓은 시 한자 한자
짚어가며 글밭 열어주시고
고치고 쓴 세월 세상
넓게 밝게 앞으로 나아가라 열어주고
부족한 시어에 항상 아쉬움만 남으니
따뜻한 가슴으로 품어 주시고
소소한 즐거움의 글밭, 희로애락
여기가 마음의 고향

희망이 싹트는 곳,
어깨에 내려앉은 세월의 무게
지나간 아픈 일들은 잊고
시 쓰는 일은 어려울 때마다
엄습하는 자폐의 유혹으로부터 나를 구하고
내가 사는 세상에 관심과 애정을 지속시켜 주었다

2022년 12월 15일

제2부

# 잊힌 기억들의 상념

# 잊을 수 없는 사람

부모님 초대 받아 이 세상에 왔다 더울 때는 깊은 우물 속 시원한 물이 되어 주시고 추울 때는 따뜻한 장작불이 되어 주시던 어머니 아버지 무한 사랑으로 키워 주신 그 그늘이 너무 행복하고 좋았다 결혼 후 남편 사랑으로 살았다 이해심 많고 따뜻하고 나만 바라보고 큰 소리 한 번 내지 않는 고마운 사람 죽는 날까지 잊을 수 없는 사람 다음 생에도 다시 만나 살고 싶은 못 잊을 사람 행복해서 부모님도 잊고 살았다 어느 날 사랑하는 당신이 말 한마디 없이 내 곁을 떠났다 하늘이 무너지고 땅이 꺼진 것 같았다 사는 게 쉽지가 않다 너무 힘이 들고 가슴이 시리고 아파서 밤을 하얗게 지새우고 나에게만 슬프고 안 좋은 일만 차곡차곡 쌓인다 참고 견디면 언젠가는 구름 뒤 태양은 다시 뜨듯 나에게도 좋은 일이 꼭 찾아오겠지 초대해 주신 부모님 위해 부끄러운 날이 되지 않게 노력하면서 지금 상황에 맞게 행복 위해 아름답게 살아야겠다

2023년 5월 13일

# 돌담

큰 돌 작은 돌들이
서로 엉켜서 힘자랑을 한다
잘 쌓인 담장은
큰 돌과 작은 돌의 조화가
신비롭고 아름답다
큰 돌은 작은 돌을 품었고
작은 돌은 큰 돌에 기댔다
오랜 세월에도 무너지지 않고
의연하게 서로를 지탱하고
남아 있을 것이다

2023년 9월 15일

## 해운대 바다가 그리운 날

때론, 아니 가끔은
해운대 바다가 그립다

세상 살다 힘들고 짜증 날 때
푸른 물결이 포말을 토해내는
내 그리운 사람을 처음 만났던
해운대 바닷가
삶이 힘들어도
어깨 기댈 버팀목 없는
초라한 내 신세타령 받아줄
그 사람이 없다는 사실에
푸른 바닷물이 야속하다
힘내야지 굳게 맘먹어도
흐트러질 때면
그 사람이 그립다가도
아주 얄미워지는 이유다

삶의 시 세계 찾아 길을 나선다

2023년 9월 7일

## 코스모스

하늘거리는 코스모스
입가에 스치는 미소처럼
한들한들 춤을 춘다
누구를 위한 꽃피움인가
연분홍 립스틱 곱게 바르고
지나가는 사람 관심이 사랑이라
밤이면, 얼마나 무섭고 외로울까
너의 곁에 내 마음이라도
살포시 내려놓고 가야겠다

2023년 9월 12일

# 나에게 시란

세상에서
가장 아름다운 것은
슬픔을 누르고 미소 짓는 거
미소 너머로 시를 쓰는 것은 행복이다

시는 감정 하나하나 얹어
희로애락(喜怒哀樂)을 담아내는 것이다

2023년 9월 17일

## 날이 갈수록

얼굴에 주름이
늘
어
가
듯
당신의 보고픔도
날
이
갈
수
록
쌓여만 갑니다

2023년 7월 10일

# 텃밭

손바닥만 한 작은 텃밭을 장만하여 금년부터 선생님들이랑 농사짓고 있습니다 상추 오이 고추 수박 가지 토마토 이놈들 보소 단비 몇 번 둘러쓰더니 채소보다 풀이 더 빠르게 자라 고랑마다 풀들이 무성하여 이슬 내린 아침부터 잡초와 사투하느라 난생 처음 호미질을 하였다는 사실입니다 나 자신에게 성례 너 대단하다 잘 하네 격려를 아낌없이 해 주었답니다 이튿날 아침 일어나려는데 이런 된장 으짜스까이 나가 미처 불어 오금이 당기고 목도 아프고 몸살이 육신에 옹골차게 달라붙어 버렸습니다 일어나기 싫어 겨우 일어나 링거 한 병 맞고 겨우 회복 중입니다 이래서 참 농사꾼이 될 수 있을까요? 매년 시누이들이 보내준 농작물 야금야금 잘도 먹었는데 채소 값 비싸다 소리 못하겠습니다 농작물이야말로 농부님의 피땀 정성 노력이 담뿍 배어 있었다는 사실을 이제야 알았습니다 나도 텃밭 채소들에게 대화와 타협 노력으로 반푼수 농사꾼으로 이쁘게 태어나겠습니다

2023년 6월 17일

# 늘 푸른 소나무

우리 동네 늙은 소나무
오랜 세월 마을의
평화와 행복을 지켜온
믿음직한 소나무
나이 들어 허리도 굽어야 한다
옹이에 껍질도 벗겨지고
거북 등처럼 흉하다
나도 나이 들면
앙상하고 쭈글쭈글
등 굽은 소나무처럼
힘겹게 서 있겠지

2023년 2월 28일

# 계란 김밥

딸이 계란 김밥을 싸 달라한다 다이어트한다고 계란 지단을 얇게 많이 붙여서 산처럼 썰어 놓고 당근 단무지 깻잎 넣고 밥은 조금만 넣고 야채만 많이 넣어서 먹으면 살이 절로 빠진다한다 그런데 살 빼기는 틀린 거 같다 김밥 싸는 족족 딸 입으로 들어간다 먹어도 너무 먹는다  진공청소기 같다 징하다 딸 다이어트하지 말고 편하게 그냥 살렴 세상은 넓어 살이 찌면 어때 너는 이미 선택받은 귀한 몸이고 아들도 둘이나 있는데 파란 하늘 뭉게구름처럼 두리 뭉실 보기 좋아 내가 낳았지만 참 푸짐하다

2023년 5월 8일

## 우주의 별이 배추밭에

밭고랑 만들고 비료도 뿌리고
종묘상에서 앳된 배추 묘 두 판
사랑하는 선생님들과
하하 호호 신나게 심었다
겨우 일어난 어린 배추 새싹들
장대비가 며칠을 뿌리더니
배추 묘는 소금도 안 뿌렸는데
파김치가 되어 바라본다
맑은 하늘이 잠시 스치고 간 빈자리
어린 배춧잎에는 천지만물 별들이 앉아 있다
아마도 습기 머금은 이때를 기다린
배추벌레들이 여기저기 잎을
갉아 먹어 뽕뽕 구멍이 나
밤하늘의 잔별처럼
우주의 별이 배추밭에 내려앉았다

2023년 9월 25일

# 세월

20살 청춘이 세상과 씨름하다 보니
내 나이 60이 넘었다
얼굴 가득 잔주름이 눌러앉아
내가 내가 아닌 듯 다른 사람으로 착각
중년이 된 아낙네의 변질된 피부
진줏빛 피부는 어디에 묻어 두었는지
검은 무채색으로 도배질이며
아쉬움은 눈처럼 쌓여 가고
서글픈 마음은 어쩔 수 없는 인생

2023년 9월 10일

## 그대 향기

차갑고 시린 긴 동짓달 밤
창가에 차가운 바람이 날아와
그대 향기를 전해주고 간다

창가에 드리워진 그림자 위에
잎새 하나 고개 떨구고 내려앉는 밤

아스라이 기억 저편
떠나버린 그 사람이 울컥
찬 공기 따라 내 창문을 스친다

조심스레 창문을 닦아봅니다

그 사람은 보이지 않는다

오늘 밤 꿈속에서 만나요

2023년 12월 9일

# 가을 러브레터

햇살이 따사로운 가을 날
그대를 드넓은 들판에 초대하여
아름다운 벼가 익어가는
풍요로움을 전하고 싶습니다

누렇게 익어 파도치는 벼 이삭
내 사랑이 새겨진 꽃무늬에
아름답게 그려주고 싶습니다

아기단풍이 붉게 물들어가는
사랑의 러브레터 한 장 단풍잎에
예쁘게 써 초대장 보내고 싶습니다

그러면 당신은 너무 반가워
가슴 울컥하며 눈시울 붉히겠지요

가장 아름다운 가을이 다 지나가기 전
당신께 러브레터 보내 드리겠습니다

거부하지 말고 받아주세요

2023년 9월 24일

## 냉장고 속

IMF 경기가 안 좋을 때도 우리 집 냉장고 속 경기는 항상 호황이다 조리된 밑반찬부터 온갖 음식들이 봉지마다 가득가득하다 이제는 더 이상 넣을 공간이 없다 냉장고 안에서는 서로 숨을 쉴 수가 없다고 아우성이다 제발 내보내 달라 몸부림을 친다 오늘도 냉장고 속 보물찾기를 시작한다 한 치의 빈 곳도 없이 꽉 들어차 있다 불쌍하다 무엇이 들어있는지 모르겠다 봉지를 열어봐야 알 수 있다 시골 시누이가 보내준 깨 들깨가루 고춧가루 곰국 미숫가루 고사리 호박 말린 거 없는 게 없다 자세히 보니 여기저기 좀비들도 있다 오늘따라 금동건 시인님의 <비움> 생각이 난다

이제부터는 비우고 살아야겠다 조금만 해서 그때그때 먹고 다시는 냉장고 속에는 넣지 않아야겠다 미안하다 냉장고야 이제부터 숨 좀 쉬게 해줄게

2023년 8월 28일

# 비

가는 여름을 아쉬워하며
내리는 비인 줄 알았는데

가을을 재촉하는
그저 잠시 늦더위를
누그러뜨리는 비인 줄 알았는데

잠시 쏟아지다
멈추는 비인 줄 알았는데

끝도 없이 내리는 비
세상을 물난리로 만들었다

스쳐 지나가는 비인 줄 알았는데
모든 것을 흔적 없이 다 쓸고 가버렸다

2023년 9월 17일

## 가을이에게

이 가을에 편지를 쓴다
고개 숙인 벼에게

아름다운 가을편지를 써본다
아기단풍 우표 붙여

한 알 두 알 튼실한 벼 알들에게
황금빛 세상 저물어가는 들녘

나는 가을 손님으로
갈매기 나는 하늘에
가을바람으로 익어간다

내 마음은 풍선처럼 두둥실 가을이다

2023년 9월 11일

## 고향 집

긴 신작로 지나 돌고 돌아
키 낮은 돌담으로 쌓여 있는
아늑한 작은 초가집

달래 메론 향
가득하고 토란이 많아
먹거리 풍부하고 살기 좋은 곳
내 고향 시골마을 그립구나

늘그막에 어릴 적 동무들과
뛰어놀던 그곳에서
자연을 벗 삼아 살고 싶다

2023년 9월 10일

## 신세계

암울한 터널을 헤어나지 못하고
주저앉아 생을 포기하고 싶은 순간
저 멀리 보이는 한 점의 불빛
희망의 끈을 되잡고 터벅터벅 걸었다

한 줌의 빛이 두 줌이 되고
내 눈앞에 나타나는 무지개다리 걸어
주일마다 어딘가 달려가는 그리움
희망을 헤집고 다다른 그곳은
지금껏 겪지 못한 또 다른 세계로
블랙홀로 빨려 들어가는 신세계
삼시 세끼 밥 먹는 것도 중요하지만
더 중요함을 깨닫게 하는 나만의 세계

한주의 시달리던 무거운 짐
내려놓은 특별한 신세계의 시간
지치고 힘들었던 번뇌를 성찰하는
그곳이 있어 그곳으로 가는 나만의 휴식

2023년 9월 9일

# 장대비

대지가 뜨겁다고
사정없이 비를 뿌려주는 건가요
아니면 하나님께서 빗줄기 타고
지상으로 내려오시려 그러는가요

과한 비 때문에
채소 과일이 냉병에 걸려
몸살감기 앓고 있다네요

비 그만 뿌려도 됩니다

가끔 소나기 한 번씩 보내주세요
이제 그만하시는 거지요

2023년 9월 2일

## 세상사 다 그런 거더라

피고 지는 것이 꽃뿐이 아니더라
우리 인생 화사하게 피어나
이팔청춘으로 피었다가
황혼으로 더욱 더 익어가더라
피었다 지는 것이 어디 꽃뿐이던가

우리 인생도 내일이면 시들어가고
이 세상 고은 인연들과도 헤어짐이요
아등바등 세상과도 이별이지요

부러워도 말고
서러워도 말고
욕심내지 말고
미워하지 말고

하루살이가 하루만 산다는 신념처럼
힘대로 최선을 다해 살아 봅시다

지금 이 순간 오늘이 내 인생 최고다

2023년 5월 15일

## 한 송이 꽃 피우려면

꽃은 누구에게나 환희와 기쁨을 준다
하지만 화려하고 멋진 꽃을 피우기 위해
얼마나 아픔과 신열을 앓아야 하는지
말없이 물을 빨아올리고
긴 겨우내 싹눈을 보호하고
비바람 한설에도 버티어 낸 아픔들로
기다림과 희생이 있었기에
멋진 자태를 뽐낼 수 있다는 걸
인간은 잊고 사는지 모른다

삶에는 고통 희생을 감내하는 것이
멋진 성공과 화려한 주연의 무대
꽃이 아니어도
푸른 잎사귀만으로도
충분히 멋진 삶이 되지 않을 까요

꽃은 그냥 피지 않는다는 사실입니다

2023년 5월 3일

# 모성애

손자가 키우는 햄스터가 새끼를 3마리나 낳았다 동물이나 사람이나 아기 때는 진짜 귀엽고 이쁘다 보기만 해도 미소가 머무는 곳 햄스터를 자세히 보면 모성애가 엄청 강하다 누가 만질까봐 톱밥으로 입구를 막아놓고 물고 빨고 잠시도 옆에서 안 떠나고 자꾸 쳐다보면 소리 지르고 어두운 집으로 물고 옮겨놓는다 말 못하는 동물도 지 새끼는 끔찍이도 아끼고 이뻐한다 요즘 TV 속에서 아우성이다 아기를 낳아서 차가운 곳에 넣어놓고 어둡고 무서운 산에 갔다 묻어 놓고 아무렇지 않게 속내를 감추고 살고 있는 사람이 많다 추우면 따뜻한 방에서 잠을 자고 배고프면 맛있는 것을 먹고 참 인간으로서 할 짓이 아니다 천사 같이 이쁜 아기를 낳아서 요즘같이 살기 좋은 세상을 맘껏 날갯짓도 못해보고 한 송이 꽃으로 피어나 한번 피어 보지도 못하고 원하지도 않는데 떠나야 하는지 참담하고 마음이 아프다 아무리 힘이 들어도 이왕 태어났으니 잘 키웠으면 좋겠다 살다 보면 비 온 뒤 태양도 뜨고 웃는 날도 있다 먼저 간 아가들아 그곳에서는 사랑받고 행복하길 바란다 어른으로서 너희들을 지켜주지 못해 미안하다 세상에서 사람만큼 독하고 무서운 게 없다는 것을 다시 한 번 느낀다

2023년 7월 23일

# 붉은 꽃망울 터트리네

나는 보았네
냉기 가득 둘러쓴
앙상한 나뭇가지에
뽀사삭 헤집고 나와
홍매화 향 풍기네
이날을 얼마나 기다렸던가
살랑이는 봄바람에
풍경소리 은은하니
참을 수 없어
하얀 웃음으로
엄마 잔소리도 잊고
홍매화 향 풍기고 나왔네
붉은 꽃망울 터트리네

2023년 1월 30일

## 온천천 풍경

바람에 실려 온
깨끗한 물과 바람에
경치는 아름답고 공기가 좋아서
아침저녁으로 운동하는 사람이 많다
자전거 타는 사람, 조깅하는 사람
여인끼리 손잡고 걷는 사람
가족들이 함께 나와 웃음꽃이 피는 곳
사랑과 정이 넘치는 온천천 정다운 풍경
불끈불끈 힘이 샘솟는 곳
잔물결에 물고기들이 높이뛰기를 하고
오리는 연꽃들이랑 키 재기를 하고
외기러기도 물장구를 치며
목욕하는 모습이 신비스럽고 아름답다
백로 왜가리는 온천천 풍경에 빠져
잔물결 해적이며 구름 위에 앉아
신선놀음하고 있다

2023년 6월 5일

# 봄비

꼭두새벽부터 비가 내린다
유리창 부딪히는 물방울
겨울의 꼬리마저 놓아 버리고
하염없이 눈물이다

불쑥 생각난 나의 잔상
커피포트에 물을 올리고
화산보다 뜨거운 블랙커피를 마신다

커피 잔에 뱅글뱅글 스며드는
옛 그리움과 임의 향기
하얀 꽃비 되어 내린다

2023년 3월 25일

## 보라색 칡꽃

칡넝쿨 나무에 칙칙 감아
칡꽃 등불 밝히고
그 추운 눈보라에 꽁꽁 언
땅속에서도 뿌리를 뻗고
얼어 죽지 않고 살아남았다
8월에 피는 칡꽃 에스트로겐 성분이 있어
중년 여인들 사랑을 듬뿍 받는다
갱년기 우울증에 최고 칡뿌리는
우리 사랑님 숙취 해소에 최고
천연 항생제 붉은빛이 도는 자주색 꽃
칡꽃 너의 향기가
웅장한 해일처럼 밀려온다

2023년 8월 14일

## 이슬이 꽃으로 피다


장맛비가 잠시 쉬고 있을 때
이슬방울 속에 꽃이 피다

풀잎에 똘망 똘망 이슬이 맺히고
살랑살랑 바람이 불어
떨어질 것 같은 외줄 타기다

거미줄에도 이슬방울이
동글동글 맺혀 맨드라미꽃이 되고
거미줄에 걸린 꽃잎 춤을 춘다

지금이 이 꽃 저 꽃들의 세상이다

2023년 7월 20일

## 무화과

금동건 베스트하우스 정원
무화과 한 그루, 달콤한 향기에
새와 벌이 그네를 탄다

주렁주렁 매달린 무화과
겉은 거칠게 생겼지만
속은 우담바라꽃이 피어
아름답고 황홀한 과일이다

철 지난 사랑처럼
가지마다 늘어져
옛 추억을 떠오르게 하는
그
리
움
.
.
.

2023년 7월 18일

# 욕심

사람이 욕심과 질투가 많으면 언젠가는 큰 상처를 받는다 내 것도 아닌 것에 집착 소유하려 하면 주위에 사람이 다 떠나고 어두운 곳에서 혼자 찌푸린 얼굴로 살아야한다 약자한테는 모멸감을 주고 큰소리로 기를 죽인다 강한 사람한테는 찍소리 못하고 두 손 모아 깨갱 코미디 보는 거 같다 주위에 사람을 피곤하게 한다 잘난 척해도 불쌍해 보인다 마음을 곱게 먹고 마음을 다스리는 법을 배워야한다 소유하려는 욕심을 내려놓고 덕을 쌓아가야 한다 욕심이란 채워도 채워도 채워지지 않는다 고운 마음을 차곡차곡 채우는 연습을 하면 소유욕에 대한 욕심이 조금씩 줄어든다 그래야 얼굴에 진주처럼 빛이 나고 인성이 좋아야 존경받으면서 사랑으로 이 세상 멋지게 살아간다

2022년 4월 24일

## 게발선인장꽃

꽃이 활짝 웃으면 춤을 춘다
손가락 끝에 피어나는 웃음꽃
선인장이 수혈한다
한 움큼 흙의 힘으로
사랑의 불 밝히고
어둠을 헤쳐 마디마다
초롱 등을 달고
손가락 깨물어 수혈한다
수혈 받은 자리는
고귀하고 아름다운 꽃이
눈이 부시게 안구 가득 들어온다

2023년 6월 8일

## 동창이 밝으니 봄인가 하노라

동창이 붉게 피어오르니

햇살 한 모금에 꽃이 만발하니

높은 산은 말없이

푸른색을

짙게 토해낸다

2023년 2월 23일

# 늦가을 서정

에메랄드빛 가을 하늘은
높은 산도 우러러본다

나뭇잎 떨어진
앙상한 가지만이
흐르는 세월을 말해준다

가는 세월을 누가 막을 수 있을까

쓸쓸히 떠나는 늦가을이
초겨울의 입을 부여잡는다

나 안 갈래한다

2023년 11월 18일

# 작은 딸

로또 같은 작은 딸
안 맞아도 너무 안 맞는다

딸은 나랑 성격이 정 반대다
외모 성격 1도 안 맞는다

내 딸이 맞나 의심스럽다
딸이랑 말다툼을 하면
내 말소리는 폭탄이 돼서
딸 마음을 쑥대밭으로 만들고
딸은 말로 원자 폭탄이 되어
나를 폭삭 무너지게 한다

어찌나 말을 잘하는지
말로는 이길 수가 없다

내가 낳았지만
나도 남편도 안 닮았다

아이러니하다

2023년 3월 1일

## 3월의 기도

얼어붙은 내 마음에
훈풍이 몰려오네

새싹이 돋아나듯
저절로 풀어주는
이웃에
희망을 주는
사람이고 싶어요

2023년 3월 15일

# 목련화

목련꽃이 꽃등을 밝힐 때면 봄은 가슴 언저리에서 무르익어 봄을 토해낸다 목련이라 아름다움의 극치다 나무에 핀 연꽃이라 더 신선하다 연못에는 연꽃 나무에는 목련꽃 신부들이 하얀 드레스 입고 입장한다 복사꽃이 필 때면 목련도 떠나겠지

꽃등을 밝히며 한들한들 춤추는 모습이
한 폭의
치
맛
자
락
같다

2023년 3월 31일

## 마지막 단풍잎

앙상한 나뭇가지, 외로운 단풍잎 하나

찢어지는 칼바람에도
떨어지지 않고
무슨 미련이 남아
다들 떠난 자리
굳건히 견뎌내고 기다리고 있나
앙상한 가지에 나뭇잎이
휘청이던 겨울바람이
초인종을 누른다

내 눈에 살포시 들어와 얹힌다

2023년 12월

# 별이 되다

TV에서 따뜻하고 친숙했던 선한 모습에 웃는 모습이 멋진 남자 중저음 목소리가 매력적인 정감 있는 멋진 아저씨 같은 그분 내가 참 좋아했던 분이다 어느 날 차디찬 날씨 극단적 소식에 가슴이 시리고 아프다 잘 아는 지인이 세상을 떠난 것만 같다 아니라고 아니라고 소리쳤는데 왜 아무도 귀담아 듣지 않는지 그 말은 부메랑으로 되돌아와 여린 가슴에 날이 선 비수를 꽂는다 얼마나 억울하고 속상하면 사랑하는 가족을 두고 그 외로운 먼 길을 떠났을까 가슴이 아프다 너무 아프다 범죄 혐의가 확인도 되기 전에 언론에 추측성 보도 과도하게 포토라인에 세워서 온 세상에 망신 주고 사람들이 다 보고 명예와 인격에 상처를 주고 진실이 아닌데도 왜 그리했는지 궁금하다 누군가에게 소중한 아들이고 남편이고 아빠인데 귀한 사람들을 극단적 선택으로 내모는 일은 이제는 끝내야 한다 제발 두 번 다시 이런 일은 일어나지 않길 진심으로 바란다 이제는 모든 것을 잊고 저 위에서는 아파하지도 말고 울지도 말고 멋진 연기 많이 하시고 행복하게 사시길 바랍니다 영원히 잊지 않고 기억하겠습니다 미안합니다 죄송합니다 편히 잠드세요

2023년 12월 27일

# 호박

찬바람이 안팎으로
내 가슴을 사정없이 후려친다
이런 날은
집안에 고이 모셔놓은
호박을 잡기로 했다
잡고 보니 너무 커서
반은 호박죽을 끓이고
나머지는 부기에 좋고
노화를 늦춰주는 호박즙을 내어서
몸이 붓는 작은 딸에게 주면 좋아하겠지
호박 잡는 것이 힘이 들지만
끓여놓으면 향긋한 내음이 나는
달달한 호박죽은 모든 사람들이
사랑하고 좋아한다
맛보면 입이 춤을 춘다

2023년 12월

## 인생이란 무엇일까

인생이란 무엇일까
겸손해지기 위한 것일까
나 자신을 위한 수행일까
아니면 종 번식과
먹고 살기 위한 몸부림일까
해답을 찾지 못한 채
오늘을 살고 있다
인생 머 별건가 하지만 어렵고
힘든 게 인생이요 삶인 것 같다
인생이란 가치와 능력을
깨달을 때면 나의 가치와
아름다운 향이 풍기겠지요

2023년 11월 15일

# 삼성궁

높고 높은 푸른 산 절경을
바라보고 있노라니
숨통이 확 트이는 듯이
기분이 참으로 상쾌하구나
넓은 삼성궁을 바라보니
환상 속으로 빨려 들어가는 듯하고 아름답다
단풍이 붉은빛으로 물들어 화려하고
풍경은 내 가슴을 흐뭇하게 해준다
깊은 계곡 사이로는 아름다움을 뽐내면
가는 곳마다 함성이 터져 나온다
쌓아 놓은 돌탑과 숲이 어울려
아름다운 자연 경관을 보니 호화찬란하고
그곳은 바로 신비로운 천국, 삼성궁이다

2023년 10월 31일

## 당신뿐이었는데

너무나 사랑하고 존경했던 내 님이 세상 나에게는 오로지 당신뿐이었는데 어느 날 갑자기 말도 없이 내 곁을 떠나버리고 나는 이제 누굴 믿고 살아야하나요 누가 나를 세상에서 제일 이쁘다 해 주나요 뚱뚱하고 이쁘지 않아도 당신은 항상 내가 최고다 이쁘다 무엇이든 못해도 잘한다 엄지 척을 해줬는데 이제는 누가 해 주나요 오늘도 당신이 사무치도록 그립고 보고 싶습니다 그토록 믿고 의지했는데 마지막 인사도 없이 떠날 줄은 생각도 못해서 가슴 아프게 흐느껴 웁니다 당신이 떠난 이 세상은 사는 재미가 없네요 예전에는 미처 몰랐는데 허무하고 깜깜한 암흑 속을 혼자 걷고 있습니다 가진 것은 없지만 당신과 함께여서 너무너무 행복했습니다 나에게는 당신이 나의 전부였는데 너무나 그립고 그리운 내 님

2023년 12월 18일

## 벌거벗은 나무

실오라기 한 올 걸치지 않은 겨울나무
앞전 강추위에 얼마나 떨었을까
휘몰아치는 바람은 어떻게 피했을까
땅바닥은 얼음이 힘겹게 버티고
똑똑한 사시나무는
햇빛 한 조각을 모아 가슴에 품으며
인생 상담을 요청한다
앞으로 다가올 추위는 어떻게 피할까
사람이 땔감으로 베어가면 어떻게 할까
벌거벗은 나무의 한숨에 목이 메인다
관절의 삐거덕 신음 소리
후드득 새들의 발자국 소리에
얼었던 냉가슴은 봄바람을 기다린다

2023년 12월 26일

## 홍시처럼 달달하게

우리는 평생 함께 행복하게 살자
젊어서는 불꽃같은 사랑을 하자
중년에는 일도 열심히 하고
사랑도 아낌없이 주고 받자
할머니 할아버지가 돼도
소꿉놀이하듯 살자
아담하고 작은 집 그곳에서
사랑이 넘치는 사랑을 하자
달콤한 홍시처럼 달달하게 살아보자
사랑은 어느 때나 간드러지는 활력소
늙고 젊고는 자신이 결정한다
나이는 먹더라도 할아버지 할머니는 되지 말자
우리의 삶은 시작과 희망의 도전
사랑을 하는 시간이 제일 젊고 아름다운 청춘이다
단풍보다 더 진하고 곱게 물들어 가자
머리에 흰 눈이 내려 쌓여도
가슴은 항상 뛰는 대로 사랑을 하자

2023년 10월 27일

# 그것은 사랑입니다

갈댓잎이 회색 수염을 피울 때
가녀린 갈대는 얼마나
힘들고 울었을까
슬픔으로 오는 울림이
내 남은 시간들 속에서도
항상 그 님을 그리워하는 듯하다
내 님을 생각하는 시간들만큼은
그냥 쇼윈도어에 커피잔 기울이며
멍 때리며 누구를 그리워한다
나는 무엇을 기다리는 것일까
알 수 없는 길고 긴 한숨으로
나만의 세상에 울타리를 만들어버린다

그 사람이 그리워서…

2023년 10월

# 오아시스

흔히 말하는 오아시스는
사막을 걷다 그늘과 물을 만나는 게
우리는 오아시스라 한다
정답이다
사람이 살다 보면 사막을 다 걸을 수 없다
간혹 길을 가다 목이 말라
가게나 가정집에 도움을 청하면
흔쾌히 물 한 바가지 주거나
도로를 달리다 갑자기 고장 난 자동차
누군가에 도움을 청했을 때
뚝딱 고쳐주는 사람이 바로
내가 바라는 오아시스 아닌가
분명 사막에만 오아시스가 있는 게 아닌
내 삶의 공간에도 맛깔스러운
오아시스 있다는 사실 모르고 살 뿐이다

2023년 10월 25일

# 말이란

말이란 너무 많이 하다 보면 진짜 중요한 말보다 불필요한 말이 많아지고 그 말들이 여기저기 새끼를 낳아서 나중에는 큰 어른이 되어 있다 말은 서로 간에 관계를 어렵게 만든다 말은 줄이고 적절히 하는 것이 좋다 말은 우리가 상상하지 못하는 빛의 속도로 번지고 진심과 별개로 갖은 추측과 오해를 하게 한다 자고 일어나면 모래알이 큰 바위가 되어 내 몸을 짓누른다 꼬리에 꼬리를 물어 말은 빨리 퍼지므로 항상 말을 조심해야한다 네 필의 말이 끄는 빠른 수레도 혀에는 미치지 못 한다 말은 빨리 퍼지므로 항상 말을 조심해야 한다 모든 화는 입으로 부터 나온다 그래서 입을 잘 지켜야한다 맹렬한 불길이 집을 다 태워버리듯이 입을 조심하지 않으면 입이 불길이 되어 내 몸을 태우고 만다 입은 몸을 해치는 몽둥이고 몸을 아프게 하는 칼날이다 마음의 문 입을 잘 다스려야한다

2023년 10월 15일

# 가을을 품다

벼 이삭이 사르르 노래를 부른다
급하게 바람이 가을을 소환하였지
석류도 붉은 심장을 보여 준다
을숙도 낙동강변 철새도
무리 지어 갯벌을 헤집고
푸른 하늘은 넉넉한 마음에
구름에게 자리를 양보하고
억새 소리 바사삭 흰 구름 만들어내며
여름 내내 떫감은 홍시가 되고
애기단풍이 아빠 단풍 부르니
가을은 더 짙게 익어 가을을 품는다

2023년 10월 18일

## 가을이 익는 이유

가을은 화려하고 아름다우며
감탄의 계절
또한 나와 헤어지기 위한
화려한 외출이며
다시 동토의 계절로
돌아가는 회귀이다
가을의 끝은
외롭고 쓸쓸함으로
흰 눈이 다가와 덮어버릴 것이다

2023년 10월 8일

# 보름달

하늘을 쳐다본다
보름달이 빙그레 웃으며
나의 허전하고 외로움 아는지
눈 맞춤으로 서로의 마음을 헤아린다
있을 때 잘해주었는데
안녕이란 말 한마디 없이
가버린 사람
보름달 속 얼굴 한 번 비쳐주지
야속한 사람

2023년 10월 1일

# 홍시

차가운 겨울바람에
빨갛게 얼어버린 너
하얗게 서리 내린 아침
까치 한 마리 달콤한 홍시
유혹을 견디지 못하고
쪼아대다 정신없이 한입
베어 물고 떠난다
상처 난 볼을 어루만지며
잎새들도 떠나버린
가지 끝에 매달려
그 누군가에게 마지막 까지
보시하려 기다리고 있다

2023년 11월 15일

## 가을의 눈물

가을의 초입이 눈물을 흘린다
떠나기 싫은 눈물인가
아니면 남고 싶은 눈물인가
아기단풍도 곧 떠나려 준비 중
붉은 색 띠를 온몸에 두른다
가을을 벗어나면 업장소멸이요
남으면 업장의 짐 지고 다니는
고통 속의 나날인 것을
서럽다 눈물 흘리지 마라
내 인생도 업장소멸을 다 하기 위해
언젠가 이 세상 떠나겠지
가을아 눈물을 멈추어라

2023년 9월 30일

## 구절초 꽃

아무도 없는 새벽길
눈부시게 새하얀 꽃
하얀 구절초 꽃이 활짝 피었구나
산들바람 불어온다
한들한들 나부끼면
향긋한 향기에 취한다
하얀 들꽃이 흔들흔들
곱게도 춤을 춘다
들꽃 꽃이라서 아름답다
이 세상 모든 꽃은 예쁘지 않은 꽃은 없다
들꽃 향기를 한아름 담아
사랑하는 당신에게 바람에 실어 보냅니다
받아주세요

2023년 6월 20일

## 안진 초등학교

뭉게구름 나뭇가지 사이에 걸쳐있고 푸른 새싹들이 봄을 선사한다 교문 옆 정원에는 예쁜 들꽃들이 화사하게 피어 꽃향기를 내뱉는다 예쁘게 만든 정원에 벌과 나비들이 춤을 추고 꽃들이 밤낮으로 속삭이고 꽃밭에 기웃거리던 고양이 시끄러워서 자리를 떠난 자리 어서 와요 이리 오세요 자기 먼저 봐달라고 꽃잎이 바람에 아우성이다 점심시간 선생님 아이들이 나와 그 아름다움에 환호성이다 아이들 위해 가꾸어 놓은 꽃동산 향기롭고 사랑이 넘치는 안진 초등학교 등굣길이 즐겁고 신나는 학교 하굣길 꽃들이 시원섭섭 내일 만나자 긴 목 쭈욱 빼고 인사를 한다

2023년 3월 5일

## 호박 넝쿨

사랑과 정이 싹트는 베스트하우스
뒤뜰에는 호박이 싱싱하게 잘 크고 있다
방대한 호박 넝쿨 세력이 어마어마하다
다른 작물에 피해 갈까 봐
못 넘어오게 벽을 쌓고 줄을 치고
호박넝쿨은 모든 것을 잡고 짓밟으려는
습성 때문에 방치할 수가 없다
 바닥에 나무와 돌을 치워주니
호박넝쿨이 여기저기
동서남북으로 뻗어간다
호박 넝쿨의 생존의 반란이 일어났다

노란 꽃이 피면 꽃 속에는 벌떼들이 잔치를 벌이고 자고 일어나면 복덩이 호박들이 주렁주렁 고개를 내밀면 하우스가 풍성하다

2023년 7월 1일

제3부

# 추억의 세레나데

## 애기동백꽃 피어나다

엄동설한에도 피어나는
아가 동백꽃의 사연
무심코 들여다보다
내 얼굴 동백꽃처럼
내 가슴을 흔들어 놓는다
창백한 내 얼굴이 활짝 피어나
사랑의 꽃으로 뜨겁게 피어난다
조용한 내 가슴을 빨갛게 물들인
새봄은 얼음 쪽 밑에서도
파릇파릇 자라난다는 것처럼
나의 사랑도 새콤달콤 꽁냥꽁냥
파릇파릇 봄을 깨운다

2024년 1월 23일

## 빗속에 내 마음

치적치적 내리는 비는
감기와 친구하는 것도 싫단다

대한 추위는 빗방울 뒤에 숨었는지
콧물을 맺게 하는 살가운 추위
빗속에 내 마음 풍덩 빠트린다

사랑하는 사람 찾아 숨도 멈추고
달리고 달려 찾아왔는데
빗속을 헤집고 단걸음에 마중 나온
그 사람이 내뿜는 온기에
애가 타던 심장도 편안히
아가처럼 잠을 잔다

돌아가는 길 버스 창에
하트를 그려
그 사람에게 날려 보냈다

아직 받았다는 기별은 받지 못했다

2024년 1월 20일

## 엄마가 되어도 엄마가 보고 싶다

하얀 눈이 내리는 섣달이면 엄마가 아끼던 장독대 사랑 포근해 엄마 품속처럼 따뜻합니다 큰 단지 작은 단지 골고루 줄 잡고 엄마가 자라난 듯 큰 장독은 허리 품이 엄마를 닮았다 독안에 갇힌 메주는 숯덩이를 품고 고추는 열 받았는지 화가 나 있다 가만히 쳐다보면 엄마가 웃고 있다 장독대 안에 된장이 익어 가면 나도 스무 살을 넘어 가슴이 부푼다 빨강 고추장처럼 사랑으로 기다리면 멋진 남자가 나타나겠지 장독대 위에 소복이 쌓인 눈이 그리움 되어 어머니의 백발처럼 보인다 엄마가 되어도 엄마가 보고 싶다

2024년 1월 18일

## 사는 게 힘들다면

오늘도 힘드셨나요
아니면 내일도 버거울 것 같습니까
고개 들어 하늘을 쳐다보세요
손으로 마음에 드는 구름을 짚어 봐 주세요
아직 그 무게를 못 느낀다면
덜 힘들고 할 일이 많이 남은 겁니다
자유롭게 두 팔을 벌리고
하늘을 들어 올릴 용기를 가지세요
힘들다고 느낄 때 주위를 살펴보세요
때론 남의 삶도 볼 일이 필요합니다
사람은 너나없이
행복한 삶을 영위할 추구권이 있습니다

2024년 1월 17일

# 나이는 멈추지 않는다

샛강 물길은 여기저기 부딪히고
큰 강을 찾아가는 동안
쉬기도 하고 잔잔히 놀다 가기도 하는데
나의 나이는 멈추지 않는다
인생 육십부터라 다들 그런다
하지만 앞으로 육십 년을 살 수 있을까
나의 인생이란 강도
아직 샛강을 흐르고 있지만
큰 강이 되어 졸졸 더 큰 강을 만나
바닷물과 합수될 쯤이면
나이는 멈추고 한 줌의 모래가 되겠지

2024년 1월 3일

# 사랑하는 금쪽이

사랑하는 내 손자 승원아 금보다 더 귀하고 사랑스런 승원이가 할머니 손자여서 행복하구나 이 세상에서 제일 멋지고 잘생긴 승원이에게 할머니가 꼭 해주고 싶은 말이 있단다 험한 이 세상을 잘 살고 싶다면 승원이 너의 버릇을 고쳐야 한다 마음을 항상 곱게 나쁜 생각은 버리고 좋은 쪽으로 생각하길 바란다 예쁜 입으로 좋은 말만 하고 비난과 불평은 하지 말고 칭찬과 감사를 입버릇으로 하길 바란다 아무리 화가 나도 화가 나도 친구들 때리지 말고 찌푸린 얼굴보다는 활짝 웃는 승원이가 되길 바래 장래희망 의사가 되려면 성격을 바꾸고 책을 많이 보고 학교에서 선생님이 가르쳐 준 공부를 진득하게 앉아서 열심히 듣고 공책에 메모하는 습관을 꼭 하길 바란다 성공을 위해서는 체력이 최고란다 달리기 줄넘기 걷기 열심히 하길 바란다 그래야 승원이는 성공한다 이제는 9살이고 2학년이 되었으니 1학년 때 했던 일은 두 번 다시 안 하길 바란다 할머니는 승원이을 믿는다 사랑해

2024년 1월 25일

# 인 꽃

머리 위에 핀 인 꽃
지난날의 힘든 흔적
세월을 먹고 자랐지
시련의 꽃을 피우고
안개꽃처럼 은은하고
황금 모란꽃처럼 우아한
세
월
의
꽃을
피웠다

2024년 2월 21일

# 봄이 오면

겨울이 포근하고 착한 것은
봄을 데리고 와서 참 좋다
파릇파릇 그님이
얼굴을 살포시 내밀며 찾아옵니다
봄이 오면 항상 어머니께서
어린 쑥을 캐 와서 콩가루 들깨가루 넣고
쑥국을 맛있게 끓여주셨다
어찌나 시원하고 맛이 있어서
밥을 배꼽이 튀어나올 정도로
많이 먹었다 그 맛이 생각이 나
쑥을 사다 내가 끓이면 그 맛이 안 난다
오늘따라 어머니가
너무 보고 싶고 그립습니다
어머니를 떠올리는 것만으로도
눈시울이 붉어집니다
그리운 어머니

2024년 1월 10일

## 꽃처럼 활짝 피어나

몸이 조금씩 늙어가는 나의 모습
거울에 비친 나의 모습을 보니 딱히 서글프지는 않다

한때 내가 좋아했던 분이나
다른 누군가의 노안을 볼 때면
왠지 마음이 짠하고 서글프다

삶이란 만들어진 운명이지만
가꾸고 만들어 가는 것은 나의 몫이다
행복이란 내가 스스로 만들어 가면
나 한 사람으로 인해
온 세상이 웃음꽃으로 핀다는 사실

행복이란 내 안에서 꽃처럼 활짝 피어나
그 향기가 온 세상에 아름답게 퍼져나간다

2024년 1월 15일

# 홍매화

봄 햇살 살포시 베어 물고
헐벗은 앙상한 나뭇가지
가지마다 겨우내 숨죽이고
흐르는 세월 속에 아픈 과거
잊고 살다 보니
가슴에 감추었던 뜨거운 사랑
드디어 사랑을 맺었나봐
홍매화가 붉은 꽃망울을 터트렸네
눈보라 속에서도 붉고 고운
자태가 신비스럽다
홍매화가 예쁘게 피어
눈 시리게 아름답다

2024년 2월 4일

# 꽃잎

쏟아지는 비바람에
꽃잎이 떨어지고
비바람에 꽃잎들은
흔적도 없이 사라진다
나도 언젠가는
마음속에 꽃이 지겠지
흔적 없이 사라지고
그리움만 눈처럼 쌓이겠지

2024년 2월 15일

## 진달래꽃

봄바람 햇살이
눈부시게 반짝이고
연분홍색 옷으로 갈아입은
여인의 수줍은 자태
온 산이 불타오른다
봄바람에 살랑살랑
마음도 흔들려
푸른 하늘을 바라보니
고운님 찾아올 것 같은 예감에
연지 곤지 치마저고리 갈아입고
다소곳 예쁜 척이다

2024년 3월 2일

## 꽃샘추위

매화꽃이 만발하여
결실을 맺는다고
벌 나비 불러들여
꽃 잔치를 벌이는데
이 무슨 마른하늘에 날벼락인가
흰 눈이 내리고 폭우가 내리고
흐르는 물도 얼려버리는 꽃샘추위
그래도 남몰래 피웠던 우리의 사랑은
꽃샘추위도 막지 못하였으니
늙은 고목에도 아름다운 꽃이 피더라

2024년 3월 3월

## 봄바람 나다

어제는 하늘이 파랗게 물들고
오늘은 비가 추적추적 내리니
목련화는 어디에 정을 붙일지
벗었던 속옷 다시 걸치고
바람 불어 날아갈까 몸을 낮춘다
분명 봄이 바람이 난 게야
경칩이라 개구리도 안절부절
모두가 제자리에 있는데
괜스레 봄이 왔다 설치다
내 마음 둘 곳 어디에도 없더라

2024년 3월 5일

## 아득히 먼 곳에

파릇파릇한 새싹들이 단비를 맞아
싱그러움을 더해준다
목소리가 멋진 남자
고운님이 이승을 떠난 지
백일이 다가옵니다
하늘도 고운님의 생전 억울했던
심정을 아는지 단비를 흩어 뿌린다
남모르게 흘렸을 눈물 거두시고
이제 그곳에서는 편히 쉬세요
연기도 많이 하시고
멋진 목소리로 노래도 많이 부르세요
고운님 영원히 기억하겠습니다
시간이 흐를수록 더 보고 싶고
그리운 사람 마음이 너무 아픕니다
아득히 먼 곳에 별이 되신 고운 님
혹시 그곳에서 지나다가 사랑하는
내 남편 만나시면 꼭 좀 전해주세요
고맙고 감사하다고
너무너무 사랑했다고
내 걱정 하지 말라고
밥도 잘 먹고 씩씩하게 잘 있다가
때가 되면 당신 찾아갈 테니
내 모습 내 얼굴 내목소리 잊지 말고
꼭 마중 나와 달라 전해주세요

2024년 3월 5일

## 활짝 핀 꽃들도 웃는다

추운 꽃샘바람 속에서
새싹이 돋아난다
봄이다
모든 아이들이
고개를 내민다
겨울잠에서 갓 나온
개구리도 웃는다
빈 가지에 꽃눈도 웃는다
땅속에 새싹들도 웃는다
활짝 핀 꽃들도 웃는다
모든 것이 웃으니
겨우내 참고 기다림 끝에
봄이 왔다 아우성이다

2024년 3월 1일

## 목련이 필 때면

잿빛 구름 낮게 드리우고
겨우내 참고 기다림 끝에
살포시 내민 나뭇가지에
목련꽃 봉오리
꽃잎 한껏 뽐내고
서로를 느끼듯 향기 가득 머금고
생명이 잉태하듯 주렁주렁
인고의 꽃망울 터트렸다
이맘때가 되면 목련꽃
사진 곱게 찍어 보내준
내 남편이 그립다
내가 제일 좋아하는 목련꽃
목련꽃만 보면 사랑을 담아 보내준다
시간이 흐른 후
마음의 그림자처럼 서로의 향긋한 내음
느낄 수 있는 내 님이 그립구나
먼 훗날 나이가 들어
지나온 삶의 목적 더듬어 볼 때
언젠가 봄날 같은 따뜻한 당신
사랑했다고 말을 할 수 있는 날이 올까

2024년 3월 13일

# 쑥국

겨울이 착한 것은 포근한
봄을 데리고 와서 참 좋다
파릇파릇 그님이 얼굴을
살포시 내밀면 찾아온다
봄이 오면 항상 어머니께서
어린 쑥을 캐 와서
콩가루 들깨가루 넣고
맛있게 쑥국을 끓여주셨다
어머니의 정성과 사랑으로
무르익어가는 향긋한 향기와
감칠맛 나는 맛있는 쑥국
입속에 들어가는 순간
맛있어서 풍악이 울린다
시원하고 맛이 있어서
눈 깜짝할 사이 밥을 많이 먹었다
그 깊은 맛이 생각이 나
쑥을 사다 내가 끓이면
그 맛이 안나네요
오늘따라 어머니가
너무 보고 싶고 그립습니다
어머니를 떠올리는 것만으로도
눈시울이 붉어집니다
그리운 어머니

2024년 3월 10일

# 씨앗

자세히 보아야 보인다
너무 작아서 보이지도 않는다
작은 씨앗들이 푸른 잎 사랑을 담았다네
고귀한 흙님들 속에는
감자 고구마 우엉이 주렁주렁
열매 가득 사랑 가득 품었네
땅속 깊은 곳 우주가 들었네

2024년 4월 17일

## 보고픈 당신

눈을 떠도 눈을 감아도
제일 먼저 떠오르는 얼굴
맛있는 것을 먹어도
꿈이나 생시나 불현듯
갑자기 떠오르는 얼굴
잊은 듯하다 또 생각이 나고
바람이 불고 비가 오면
나보다도 더 걱정이 되고
나도 모르게 문자를 보내고 마는
자꾸만 생각나는 얼굴
거리를 걸을 때도
많은 사람 앞에서도
확연하게 떠올라
밤하늘 별처럼 반짝반짝
빛나는 얼굴

2024년 4월 17일

제4부

# 푸른 청춘, 그 때

## 늙으면 서럽다

추운 겨울을 지나
따뜻한 봄바람이 불던 어느 날
커다랗고 탐스러운 순백의
꽃망울 만개하니 너만 보면
가슴이 두근두근 울렁울렁
첫사랑 만나는 느낌
다른 봄꽃들이랑 차원이 다르다
하얀 목련꽃은 귀티가 나고
지체 높은 부잣집 규수처럼
손이 닿지 않는 아래를 내려다보는
목련꽃 도도하고 아름답다
하루하루 시간이 지나면
목련꽃이 툭하고 낙하한다
추하고 지저분한 게 꼴불견이다
사람이나 꽃이나 짐승이나
나이가 들어 익어가면 똑같은 거 같다
나와야 하는 것은 안 나오고
나오지 말아야 할 것만 나온다 추접스럽다
눈곱이 끼고 콧물이 나오고 시도 때도 없이 나온다
늙으면 추하고 서럽다

# 백 매화

눈부시게 하얀 꽃이 흐드러지네
피어있는 꽃
백 매화 눈꽃처럼 아름답고 곱구나
바람에 떨어지는 꽃잎을
두 눈에 담아본다
꽃비가 나풀거리면 바닥으로 떨어진다
모든 사람이 꽃비는 좋아하면서
바닥에 있는 나를
이리저리 짓밟아 멍이든
슬픈 백 매화 인생

# 민들레

톱니바퀴처럼 생긴 꽃
민들레가 맞물려서 피어난다

아스팔트도 씹어 먹는 민들레
꽃 세상 어디든 번져간다

삭막한 대지를 꽃으로 봉합한다

봄이면 노란 꽃으로
사람들의 마음을 사로잡는 꽃
사람들에게 밟히고 짓눌려도
아무리 척박한 곳에서도
뿌리를 내리는 강인한 생명력 민초 같다

봄이면 들판에 노랗게 피어나
봄을 노래하는 꽃
사랑스러운 민들레

# 민들레꽃 2

어쩜 너는 이런 곳에서
꽃을 피웠을까
흙 한 줌 없는
시멘트 틈 사이에서
뿌리를 내리고
올라온 너는
진짜 신통방통하구나
이 험한 세상 살아가려면
너한테 한 수 배워서
살아가고 싶구나
강하고 질긴 민들레

## 봄이 떠나다

새싹
돋고
꽃
핀다고
야단이더니
시간 지나 꽃이 진다고 울부짖는다
피고 지는 것이 꽃이요
세상 돌아가는 본연의 의무인 것을
가지마다 희망을 그리고
펼쳐놓은 색채는 더 짙게 변하고
몸집은 커지고
비대증에 어지러움을 느끼고
봄은
이미
떠나고
없다

## 꽃처럼 아름답다

웃음은 세상을 밝게 하고
싱그러운 바람과 같이 시원하다

웃어서 젊어지고
예쁜 생각을 하면
꽃처럼 아름답다

예쁜 말을 하는 것은
기분이 좋아지고
교양이 있어 보이고
나를 위한 것이다

마음에 기쁨이 가득하니
행복하게 살아가는 큰 활력소다

## 그 공원에는

빨간 단풍이 쉬었던 벤치에
늦가을이 앉아 쉬고 있다

그리움과 외로움 단풍 낙엽 되어
초겨울 바람에 나뒹굴고

가을의 꼬리는 그 공원을 따라
세상 밖으로 긴 여행을 떠난다

# 청포도

어릴 적 시골집 장독대 옆 오래된 청포도 나무
할아버지가 자식들 태어나면 주려고 심어놓은
사랑의 포도나무

청포도가 탐스럽게 주렁주렁 열렸다
향긋한 향기가 가득하다
지나가는 사람들을 유혹한다

알알이 박힌 포도 한 송이 따서
입속에 넣은 순간 환호성이다
진짜 맛있다

새와 나비 벌들이 몰려와
맛을 보려고 기웃거린다
마음씨 고운 어머니

너희도 맛 좀 보렴 포도

몇 송이 내어 주신다
사랑과 정이 넘치는 고향 집
그립다

## 거울 속에

거울 앞에 서는 순간
내가 아닌 어디서 본 듯한
나를 닮은 낯익은 얼굴

오래전 소풍 떠나신 어머니 모습이다

흰머리와 주름진 얼굴
인정하고 싶지 않은 나의 모습
흐르는 강물처럼 무심하게 흘러간 시간
지나온 세월 속에 어머니가 많이 그립다

먼 훗날 내 딸도 나를 그리워하고 기억하겠지

# 가을밤에 홀로

옷깃을 여미는 날씨
따듯함이 그립다

단풍잎은 밤하늘에 반짝이고
수다 떨던 귀뚜라미는 어디 가고
저 하늘 달빛마저
막걸리 보이는 착시
스산하게 울어대는 억새꽃이
울렁이는 내 마음 달래주며
고귀한 냄새에 이끌려
이곳저곳 다니는 행복감 느끼는
나의 올곧은 삶이 대변해준다

# 낙화

사람의 마음속에 꽃이 진다
스쳐간 햇살과 비바람의 상처
언젠가는 아픔과 슬픈 일도
시간에 따라 지워지겠지요
바람에 몸을 던져 비바람에 아픔
누구에게 원망도 못하고
지난날들의 힘겨운 희생
그리움이 휩싸인다
한 송이 꽃으로 피우지도 못하고
꺾인 가슴 시린 아픔만 가득하다
당신의 향기가 사라지네요

## 푸른 청춘이 그리운 날

푸른 청춘이 그리우면
자연을 보고 감상하라

가지 끝마다 걸려있는
올망졸망 푸른 연초록빛

눈도 시원 마음도 시원
푸른 꿈들이 푸른 꿈을 토해내는

세상사 만물이 싱싱하지 않는가
나도 당신도 순진무구
청보리 같은 때가 있었지

# 낙엽

내 푸른 청춘은 어디가고
한 잎 두 잎 떨어지는 낙엽

가을바람에 떠밀려 땅바닥에
내동댕이쳐지는 낙엽

바람아 불지 마라 내가 살던 곳
이곳에 머물고 싶구나

여기저기 바람에 뒹굴며
다녀야 하는 천덕꾸러기 신세

## 은백색 백발 되셨네

낡은 사진첩 속에 곱디고운 우리 어머니
한세상 호강 한번 못하시고
석양이 지고 달빛이 흐른 듯
고운 새색시 은백색 백발 되셨네
육 남매 배부르게 키우려고
삭은 몸으로 새벽부터 밤늦게까지
일만 하신 불쌍한 당신
손발이 터지고 허리는 초승달처럼 휘고
손마디 마디 옹이가 다 생기도록
일만 하신 불쌍한 우리 어머니는
모든 삶을 희생하며 자식을 키우셨다
당신 여린 가슴에 던졌던 숱한 돌들
천만근 바위가 되어 제 마음을 짓누릅니다
어머니 한 분 마음 편하게
못해 드리고 익숙함에 속아
소중함을 알지 못하고
뒤늦은 후회 가슴이 시리고 아프네요
마르지 않는 우물 같은 당신의 사랑
다음 생에도 꼭 내 어머니가 되어주세요
그때는 막내딸이 더 잘해드리겠어요

보고 싶습니다 어머니
사랑합니다 어머니

## 언 가슴 계절 동백꽃

생각 없이
옆을 바라보다
너와 눈이 마주쳤지

이럴 수가
보지 못한 것을
보았네

볼록한 너의 가슴
발그스레 드러낸
속살

마지막 몸부림에
언 가슴을 드러낸
동백꽃

## 호박죽

동지섣달 그믐밤이면
어머니는 호박죽을 끓여주셨다
무쇠 가마솥에 늙은 호박 가득 넣어
찹쌀 옹심이 강낭콩 팥도 넣어
자식들 배부르게 먹이려고
아끼지 않으셨던 호박죽

어머니의 사랑이
집안 가득 달콤한 향기가
담을 넘어 이웃에 전해지고

사랑이 담긴 어머니 표 호박죽 팥이
포근하게 씹히던 그 맛을 잊을 수가 없다

시장 지날 때마다 늙은 호박을 보면
그때의 호박죽이 아련하게 생각이 나고
어머니가 겨울 날씨만큼이나
가슴 시리게 보고 싶고 그립다

# 멋지십니다

우리 스승님은 참 좋은 분이다
얼굴은 아기 같은 선한 모습
수염이 너무 잘 어울리는
목련꽃 같은 깨끗하고 고운 분
욕심도 없고 다 퍼주고
좋은 것은 쌓아 놓지도 않는다
겉과 속이 똑같은
한결같은 멋지고 좋은 분이다
그래서 더 존경하고 우러러 봅니다
깨끗하고 거짓 없는
진실한 최고의 스승님
항상 건강 잘 챙기시고
김해 문학의 최고의 멋진 시인님이 뇌시고
금동 문학회가 길이길이 최고의
문학회가 되길 바랍니다

## 상사화

웃음꽃 향기 듬뿍 머금고
웃고 있기에 아름답고 고운 모습
사람들이 모두 다 넋을
잃고 바라본다
무아지경이로구나
사슴 목처럼 길고
머리에 분홍색 꽃이 활짝 피어
애틋한 너의 자태
바람 부는 대로
물 흘러가는 대로
꽃피고 지듯이 살아가는 것이
진정한 불변의 마음

# 매미

무더위 나무속 한낮의 울음소리
뜨거운 숨결로 내리쬐는 땅
별을 하얗게 불태운다
어둠의 땅속에서 배설되지 못한
울먹임 세상을 찢어대는 매미
남은 목숨과 바꾸려는 눈부신 눈물
소리 한번 지를 수 없던 세월
죽어서도 눈 감기 힘든 그리움
한낮의 하늘 구름 가득 떨림으로
쏟아내는 매미의 노랫소리가 애달프다

# 장마

장마에는 날씨가 변덕이 죽 끓듯하다
정말 괴상하다
갑자기 비가 왔다 안 왔다
햇빛이 나는데 비가 오고
어두컴컴하니 태양이 갑자기 없어진 거처럼
천둥과 함께 번개가 번쩍번쩍
광안리 불꽃 축제하는 거 같다

어머니가 여름에 일 갔다 오신
아버지 등목할 때
양동이로 들이붓는 거처럼
쏟아지는 빗방울
엄청난 양의 물이 하늘에서
단숨에 쏟아지고
거리에는 시냇물이 흘러간다

여름 날씨는 종잡을 수가 없다
손자 학교에 데려다주고 오는 길
큰 우산을 써도 옷이 다 젖어서
생쥐 꼴이 되었다, 누가 볼까 후다닥 집으로

# 인생

이 세상 부모님 초대로 왔으니
아름답게 인생이 흘러가면 좋겠다
시냇물처럼 흘러가다
바위에 부딪히면 쉬어가고
조약돌을 만나면 쉬엄쉬엄 놀다 가고
파도가 치면 달려도 가고
언덕을 만나면 잠시 누웠다
하늘도 보고
구름 속에 그림도 그리고 가리라
그 추운 눈 속에서도
매화는 꽃망울을 튼다
시냇물 속에 손바닥만 한 해가
비스듬히 턱을 고이고 웃고 있다

## 향기 나는 삶

마음속에 그려온 미래에 나는
늙으면 이런 사람이 되고 싶다

향기 나는 삶을 살아가는 사람
덕이 있는 사람
마음이 인자하고
지혜가 풍부하고
욕심이 없는 사람

운동도 아침저녁으로
매일 하는
건강한 사람이 되고 싶다

# 노년

노년의 주름살 속에
아름답게 풍겨나는
인자스러움은
갑자기 생기는 것이 아니다
살아가면서 쌓이면
승화되는 화석과 같은 것이다

# 소망

굽이굽이 돌고 돌아 오른 산길
단풍잎이 한 잎 두 잎
빨갛게 물들어 황홀한 풍경은 눈이 부시다
향냄새 그윽한 산기슭에 작은 절
마당 한가운데 자리 잡은 노송은
지팡이를 다섯 개나 짚고
앙상한 가지는 원망도 못하고
흔들림 없이 숨죽이고
또 하루를 살았구나 미소를 띤다
오색 단풍에 나부끼는 그리움
지난날 힘겨운 아픔
무채색으로 물든 상처
불자들의 소망을 주렁주렁 매달고
저마다 엄숙한 법당에 소원성취를
부처님 앞에 엎드려 몸부림을 친다
누구를 위함인지 절간의 풍경 소리에
가을은 쓸쓸하게 깊어만 간다

## 부부란

부부간에 말 한마디라도 따뜻하게 하고
상처 주는 말은 하지 맙시다
서로가 잘해야 행복한 가정을 이룰 수 있습니다
옆집 여자가 아무리 이쁘고 늘씬해도
남편을 위해주는 뚱뚱한 마누라가 최고입니다
옆집에 아저씨가 아무리 잘생기고 멋있어도
배 나온 내 남편이 최고입니다
부부는 아프면 물 한 그릇이라도 떠다 줄 사람입니다
따뜻한 사랑 나누고 상처 주는 말은 하지 말고
부부간에는 가자미눈으로 바라보지 말고
좋은 쪽으로 측은지심으로 바라봅시다

# 빈자리

푸르던 나뭇잎 한잎 두잎 얼굴을 바꿔 가고 내 마음속 사랑 행복 언제나 그대로인데 당신은 내 손길 닿기도 전에 저 멀리 안개 속으로 사라져버리고 잡힌 것은 늘 외로움 그리움뿐 당신이 주신 사랑 오랫동안 변함없이 남아있고 오늘은 눈뜨는 순간부터 내 두 눈에는 이슬이 맺힌다 나의 60번째 생일이다 딸자식이 있고 손자 손녀가 있어도 허전함은 왜일까 당신의 빈자리가 낙동강 흐르는 물길처럼 크고 다른 날보다 오늘은 유난히 마음이 우울하고 서글퍼지네요 옆에 계실 때는 몰랐는데 당신의 따뜻한 사랑 잊을 수가 없네요 생각지도 못한 장미꽃 한 다발 안겨주면서 나는 자식도 돈도 필요 없고 당신만 건강하고 행복하면 된다고 하신 말씀이 내 귀에 맴도네요 고마웠어요 그리고 받기만하고 더 잘 해드리지 못해서 미안합니다 오늘은 당신이랑 함께 다니던 백운사 절에 갔다 와야겠어요 가서 부처님 앞에 당신의 극락왕생을 빌고 와야겠어요 그래야 내 마음이 편할듯 하네요 세월 속에 순간순간 잊혀가던 당신과의 아름다운 추억들이 부메랑처럼 되돌아와 허전한 가슴속 시리게 파고들어 박힌다

# 비나이다

깊은 산속 솔 향 그윽한 산기슭에 아담하고 정감 있는 그곳 아들 낳아 달라 어머니께서는 새벽이슬 맞으며 부처님 앞에 두 손 모아 치성을 드렸는데 다섯 번째도 딸이었다 바로 나였다 태어날 때부터 한 덩치 했다한다 어깨는 넓고 뼈대는 굵었다 그래서 아들인 줄 알고 할머니가 좋아서 소리 질렀는데 아랫도리 보고 한숨 속에 쓸데없는 거네 그 소리에 어머니는 깊은 암흑 속으로 빠져들고 또 딸 낳아서 맘 편히 미역국도 드시지 못하고 죄인처럼 고개를 들지도 못하고 호미 들고 밭에 나가 원수 같은 잡초들한테 서러움을 토해내고 울었다한다 지금 생각해도 내가 태어나서 어머니 가슴에 못을 박은듯하다 가슴이 아프다 찍어놓은 사진 보면 남자보다 어깨가 더 넓다 아가씨 때는 보는 사람마다 씨름 선수냐고 물어본다 에그 창피했다 지금도 옷을 입으면 옷 태가 없다 저주받은 몸매이다 예쁜 원피스도 입고 싶다 팔 다리는 통뼈 근육질 몸매 부모님이 주신 몸이지만 여자로서 창피하다 한 가지 좋은 것은 있다 내 나이 60이지만 골다공증이 없으며 아직 혈압약 당뇨약은 먹지 않고 있다 2년에 한 번씩 건강검진하면 혈관 나이는 40대이다 아파서 먹는 약은 없다 그래도 비나이다 비나이다 부처님 소원입니다 다음 생에는 어깨도 좁고 코스모스처럼 야리야리한 여자로 태어나게 해 주세요 비나이다 합장한 두 손에 가득 담은 소원성취 풍경소리만 뎅그렁 뎅그렁 울려 퍼진다

## 풍성한 가을을 품은 베스트 하우스

어느 사월 첫째 주 토요일
꽃바람이 살갗을 에는 냉 바람도
포근히 녹여버리는 그곳에 갔습니다

보라색 하우스는 우두커니
나를 반겨주듯이 따뜻함 가득합니다

어디선가 불쑥 나타난 하우스 지기
턱수염이 가득 어디가 입인지 코인지
좀 부담스러울 정도의 남자였습니다
차디찬 하우스 안으로 들어가
온기를 뿜어내는 베스트 하우스 지기의
노력이 감탄스럽고 애처럼 보였습니다

그때의 인연이 고래심줄보다 더 질기게
사랑과 감동 인연으로
배추밭도 함께 가꾸며
보름달보다 더 큰 호박 농사도 짓고
하늘같은 스승이며
힘들고 어려울 때 품어준
베스트 하우스에 가을이 풍성합니다

# 맺음의 글

　시라는 새로운 인생과 장르를 배우면서 지금껏 살아온 삶의 뒤를 돌아보며 후회와 반성 그리고 웃음 울음으로 인생은 시처럼 살아야겠다는 철학을 배우며 살아가는 동아줄이라는 끈을 놓지 않을 거라 다짐하고 다짐합니다.

　이제는 글 쓰는 재미가 솔솔합니다. 눈물보다 웃음이 많은 나의 인생길로 문학의 길에 출입시켜주신 금동건 선생님께 깊은 감사를 드립니다. 아직 시가 무엇인지 문학은 어디에서 왔는지 잘 모르지만 오늘 내일 살아가는 배움의 정신으로 연필을 놓지 않겠습니다. 즉 인생이 문학이요. 철학이라는 다짐으로 시라는 관점에서 노력을 멈추지 않겠습니다.

　　　-신녹색이 짙게 깔리는 김해 들녘을 바라보면서...

| 발행인의 말 |

# 기억의 아지랑이와 그리움의 손짓으로
# 세상에 밀어를 꽃피우는 성례 시인,
### 추억의 세레나데를 부르다

서평 박선해

비 내리는 어느 휴일, 커피 한잔에 기억을 풀어 넣고 마시는 창가에 앉아있는 성 례 시인을 상상해 본다. 빗물에 눈물을 파도 태울 줄 아는 성 례 시인의 모습이 시의 곳곳에 스몄다.

한 사람의 아내로 엄마로 불행과 절망, 좌절, 슬픔이 무엇인지를 생각할 겨를 없이 자연스런 삶을 살았던 일상에서 한순간 잃어버린 사람과 모든 것들의 흔들림도 시로써 다시 부화시켜가는 무채색 움직임은 아마 남겨진 날이 유서일 것이다. 그 유서는 노을 속에 지난 삶의 희·로·애·락과 함께 아름다운 황혼으로 묻는다. 『여정』으로 그간 써 온 일기시를 묶어내는 시인의 시심을 들여다보며 한 풍경을 그려보는 내내 마음으로 미소가 먼저 번졌다.

총 4부로 구성한 이번 첫 시집은 제1부에서는 스승으로부터 처음 시라는 장르로의 첫발을 디디며 바느질하듯 하나하나 글을 손에 담아 갈 때를 모았고 제2부에서는 시가 무엇인가에 익숙해져 보며 지난 삶과 현재, 앞으로를 예정하는 성례 시인만의 일종의생활기록부가 되었다. 제3부에는 한 부록 한 부룩 자신의 생애 제목을 놓지 않을 수 있는 끄나풀이 된 셈이다. 제4부에서는 더 무르익어가는 나날들에 대한 날짜 없이 예정 없는 비 내리는 날의 우산처럼 메말랐던 가슴에 싹이 돋고 젖은 가슴에 꽃이 피는 약풀이었다.

『추억 속의 당신』을 불러보고『늙으니 서럽다』는 생각을 가지고『청포도』를 쓰면서 시라는 꽃을 피우기까지『세상사 다 그런 거더라』는 것을 인정해 가고 있는데서다. 꽃이 예사롭지 않고 과일 열매를 키워 수확을 거두는 자연 풍경이 식상하지 않고 텃밭의 호박으로『호박죽』을 끓이고 상추 고추 오이 참외 수박을 키운 보람과 뿌듯함이 일순간 주르르 눈물이 나도록 가슴이 먼저 빛 부시다. 성 례 시인은 눈물을 흘릴 자격이 있다. 세상이 와르르 자신을 향해 축복을 해주는 것 같음 기쁜 감성을 조금씩 알아가는 성 례 시인이기 때문이다.

꿈같이 사라진 한때가 생각날 때 부르면 달려 올 것 같았지만 눈앞은 허상이었음을 선명히 알았고 잘 살았는지 잘 살고 있는 지 가름하기는 이르기도 하지만 용기 있게 살 수 있는 힘이 문학임을 확연히 깨닫고 진중히 노력하는 길을 다부지게 자신에게 이끌고 있는 자기 성공을 거둔 사례라고 보아진다. 꽁꽁 싸매두었던 일상의 세상살이에 이해와 해석이 함께하는 시심을 발굴하는 성 례 시인의 의지에 박수를 보낸다.

티 없이 맑은 보석 같은 마음으로 살고자 마음기도를 하며 꽃눈물을 충분히 흘리시길 바란다. 그 눈물을 다독여 주는 보석꽃이라는 시로 세상에 속삭임이 있는 밀어가 되어 화답으로 와줄 것이리니...

걸음마 떼듯 이어가는 이 시절들은 결국 자신의 속에 숨어 살던 명품 시어들로 쏟아져 눈부시도록 빛나는 때가 오리라. 세월 속에 파묻혀 생각지도 않은 어떤 이 길이 초원이 되어 돌아오고 하늘빛이 푸른 호수가 되어 감성을 밝혀주어 가을 잎들이 통통 살쪄 더 찰진 거름으로 『마지막 단풍잎』을 쓰던 시심은 『빈자리』를 메울 것이다.

누구도 비켜가지 못할 길, 모두가 오고가는 길이다. 그때는 불안한 삶의 소용돌이를 안정시킬 엄두조차 못했을 감당이었어도 꾸준한 생활의 기록을 잃지 않으니 지금처럼 익어가는 행복을 생애토록 만끽하리라 본다. 별같이 꽃같이 써나갈 미래에 웃음꽃 웃음 잔치 만발할 성 례 시인의 나아가는 시심을 응원한다. 추억의 세레나데는 축복의 향기가 되어 더 큰 시 풍년을 이루어 가시길 서원한다. 풍성한 가을을 품은 베스트하우스처럼...

첫 시집 상재를 축하드립니다. 성 례 시인을 모두 모두 응원해 주세요.

| 축하메시지 |

# 송란 성례의 첫 시집 출간을 진심으로 축하합니다

금동건

   성례님과는 우연과 인연이 함께 공존하면서 긴 시간에 이르렀다. 성 례 작가는 갑작스레 남편을 하늘나라에 보내드리고 시련과 고뇌 그리고 삶을 포기하듯 하루를 살아가는 힘겨운 일상을 살았다. 실오라기라도 잡아보러 애를 썼지만 충격에서 벗어나기 쉽지 않은 일이라 나쁜 생각도 하였다가 티비를 켜는 순간 환경미화원이 유퀴즈 온 더 불럭 86회 출연하는 영상을 우연히 시청하게 되었다. 정말 즐겁게 하루를 살아가는 모습에 힘과 용기를 내어 금동건 시집 비움을 구입하여 읽었다고 한다. 그러다 나도 시인님처럼 글을 쓰며 즐겁게 살 수 없을까 하는 마음에 시집에 적혀있는 전화번호에 전화를 거는 용기를 얻었다고 한다. 그래서 직접 대면하면서 시 창작수업을 받으며 결국은 월간 시사문단에 시 부문 등단을 하였다. 그리고 계)신정문학에 수필 시조 및 아동문학과 시 부문 등에 재도전하여 등단을 하였고 각종 문학상 공모 컨텐츠에 수상을 하는 기쁨을 얻으며 인생 2막 살아가는 용기를 얻었다고 한다. 시 창작을 가르치는 입장으로 송란 성례님은 무엇인가 배우고 싶은 마음만은 대단한 사람이다. 물론 시에 대한 깊이는 아직 얇기는 하지만 꾸준하게 쓰다보면 더 좋은 시로 한국문단에 족적을 남기리라 생각한다. 그래서 노력하는 마음이 가상하다. 인생 포기에서 시라는 노끈을 잡아준 송란 성례님은 나에게는 고마운 사람이다. 잔소리도 달게 받고 늘 배우고저 하는 배고픔의 학구력, 언제나 진행형이다. 오히려 내가 더 배울 점을 본 받는다. 그래서 무엇인가 하나라도 더 주고 싶은 마음에 금동문학회 부회장직으로 임명을 하였고 열성을 다하는 모습이 참 좋다. 그동안 써두었던 글을 모아 한권의 책으로 만들려는 마음도 가상히 생각하며 가르쳐 준 사람으로 기쁘기 그지없다. 다만 잘 썼다 못 썼다 지적보다 더 잘 쓸 수 있도록 용기와 희망을 주는 덕담을 해주시면 좋겠다. 너도 나도 태어날 때부터 글을 잘 쓰면서 세상에 태어난 것은 아니다. 송란 성례님 첫 시집 여정은 본인이 살아온 인생을 엮은 것이다. 여정은 누구에게나 있으니까.

태어날 때는 축복받으며 태어나지만 갈 때는 누구의 도움도 없이 오로지 나 혼자만 가야하는 여정에 나는 나 너는 너의 갈림길에 산자만이 증인으로 대를 이어 여정의 길을 걸을 것이다.

송란 성례작가님의 첫 시집 상재를 진심으로 축하합니다.

2024년 7월 2일
금동건 베스트 하우스에서

| 축하메시지 |

이 혜 선

　송란 작가님의 첫 시집 <여정> 발간을 진심으로 축하드립니다. 저를 금동문학회의 가족으로 환대해 주시던 송란 작가님과의 첫 만남을 기억합니다.

　환대의 본질은 사랑, 그 실천의 형식은 내가 가진 것을 나누고 베푸는 행위라고 합니다.  송란 작가님의 따뜻한 환대는 현재 진행 중이어서 작가님을 뵐 때마다 감사와 행복으로 마음이 충만해짐을 느낍니다.

　닮고 싶고 배우고 싶은, 귀한 분과 인연을 맺게 되어 감사할 따름입니다. 송란 작가님이 삶을 살아가고 알아가면서 앓았던 시간이 시로 남았습니다. 유리창을 톡톡 두드리는 빗방울처럼 마음 문을 두드려 따뜻한 위로로 안아줄 시들을 드디어 만나게 되었습니다.

　사랑 가득 담아 송란 작가님의 첫 시집 『여정』을 환영합니다.

| 축하메시지 |

# 삶의 모서리를 점점 닳아가게 하는 시집

여 채 원

'누군가를 사랑하고, 우정을 나누고, 인간적인 교류를 나눈다는 것은 나와 그 사람의 모서리가 점점 닳아가는 일이다'라는 말을 공감한 적이 있다. 유난히 뾰족한 삶의 모서리와 마주한 그녀를 우연히 '금동건베스트하우스'에서 만났다. 한 떨기 수선화 같았다. 유난히 큰 눈에선 금방이라도 이슬이 맺혀 떨어질 것 같지만 야무진 입술은 미소를 잊지 않았다. 첫 번째 시집 『여정』의 작품에는 그녀의 삶이 비친다. 인지하지도 못했던 모서리에 상처를 받기도, 때론 오히려 나의 모서리로 상처를 주기도 했을 것이다. 하지만 그 모서리가 점점 닳아 서로를 따뜻하게 안아주고 품어주는 인생의 여정들이 귀한 선물처럼 다가온다. 그녀의 시에는 인생을 바라보는 따스한 시선이 들어 있고, 흔들리면서도 중심을 잃지 않는 유연성이 들어있다. 흔히 볼 수 있는 작은 소재일지라도 그냥 놓치지 않는다. 자신만의 서정이 있는 시의 세계로 초대해 부드럽고 편안하게 풀어내고 있다. 『여정』에서 만난 감각적인 시어들로 인해 어느새 마음이 몽글몽글해졌다. 그녀와 나 사이의 모서리가 조금 닳았다. 인생의 모서리도 함께 둥글둥글해졌을 것이다.

성례 시인의 첫 시집 발간을 진심으로 축하드립니다.

# 여정

**초판1쇄 발행** 2024년 7월 25일

**지은이** 성례
**펴낸이** 박선해
**펴낸곳** 도서출판 신정

**주소** 경상남도 김해시 우암로 36
**전화** 010-3976-6785

**전자우편** alkong3355@naver.com
**출판등록** 김해, 사00008, 2020년 9월 22일

ISBN 979-11-92807-19-5 (03810)

정가 12,000원

* 이 책은 저작권법에 따라 보호받는 저작물이므로 무단전재와 무단복제를 금지하며, 이 책 내용의 전부 또는 일부 내용을 재사용하려면 사전에 저작권자와 도서출판 신정의 동의를 받아야 합니다.
* 저자의 의도에 따라 작품의 보조동사와 합성(=합성명사)어는 띄어쓰기나 방언에 따라 표현이(향토어, 토속어, 은어, 지역어, 외래어, 기타 등) 달라질 수가 있습니다.
* 잘못된 책은 교환해 드립니다.